TABLEAUX

ET

OBJETS D'ART

ANCIENS

Provenant de la Collection

De M. le Comte Jacques de BRYAS

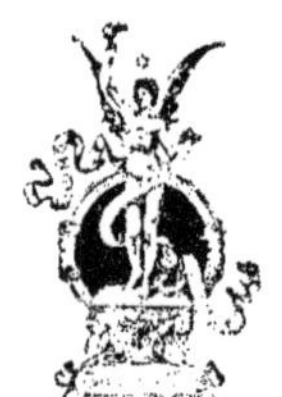

CATALOGUE

DES

Tableaux Anciens

ŒUVRES DE

FR. BOUCHER ET J. REYNOLDS

IMPORTANT PRIMITIF DE L'ÉCOLE ALLEMANDE DU XVᵉ SIÈCLE

PASTELS

PAR

LA TOUR ET PERRONNEAU

OBJETS D'ART ANCIENS

Provenant de la Collection

De M. le Comte JACQUES DE BRYAS

ET DONT LA VENTE AURA LIEU, A PARIS

HOTEL DROUOT, SALLE Nᵒ 6

Le Lundi 6 Février 1905

à 2 heures 1/2

COMMISSAIRE-PRISEUR

Mᵉ PAUL CHEVALLIER, 10, rue Grange-Batelière

EXPERTS

Pour les Tableaux :	*Pour les Objets d'art :*
M. JULES FÉRAL	**MM. MANNHEIM**
7, rue Saint-Georges	7, rue Saint-Georges

EXPOSITIONS

PARTICULIÈRE : *Le Samedi 4 Février 1905.*   } DE 1 HEURE 1/2
PUBLIQUE : *Le Dimanche 5 Février 1905.*   } A 5 HEURES 1/2

CONDITIONS DE LA VENTE

Elle sera faite au comptant.

Les acquéreurs paieront *dix pour cent* en sus des prix d'adjudication.

L'exposition mettant le public à même de se rendre compte de l'état et de la nature des objets, il ne sera admis aucune réclamation une fois l'adjudication prononcée.

Paris. — Imprimerie de l'Art. E. Moreau et Cᵢᵉ, 41, rue de la Victoire.

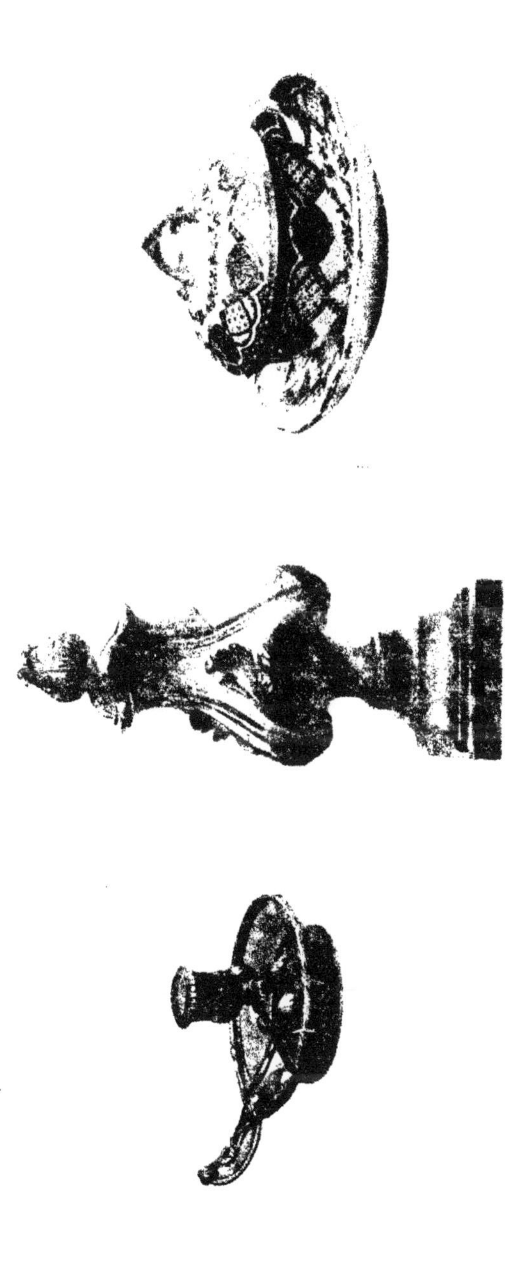

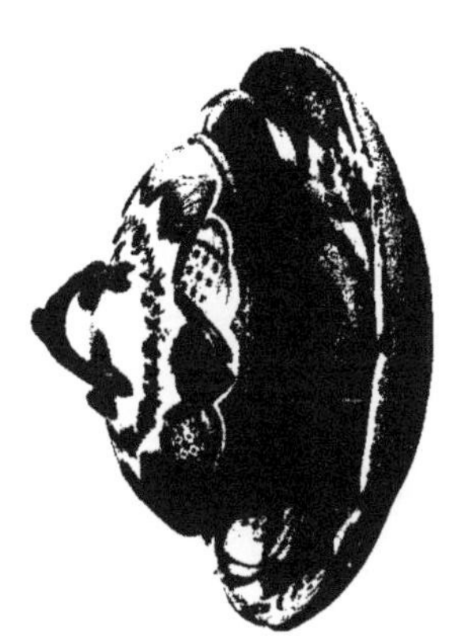

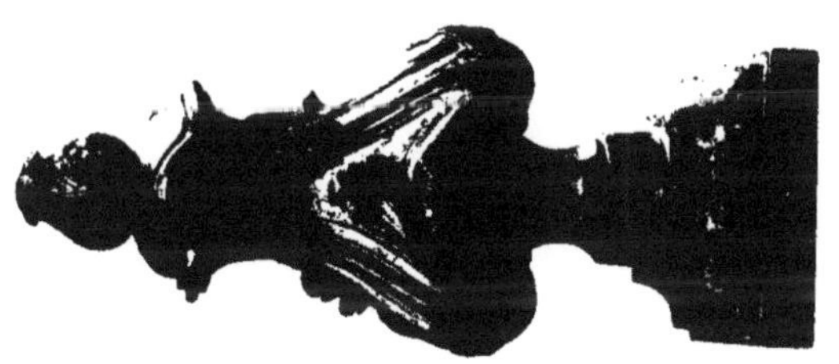

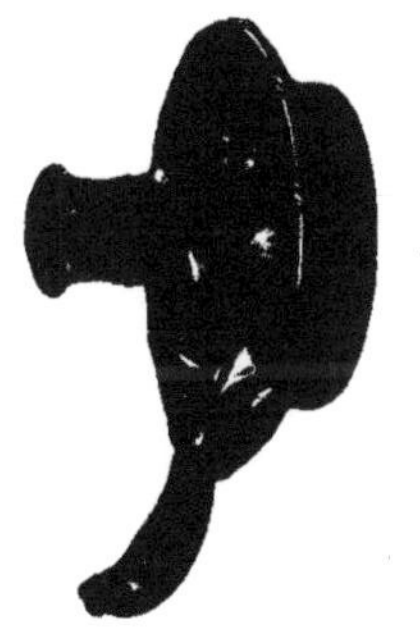

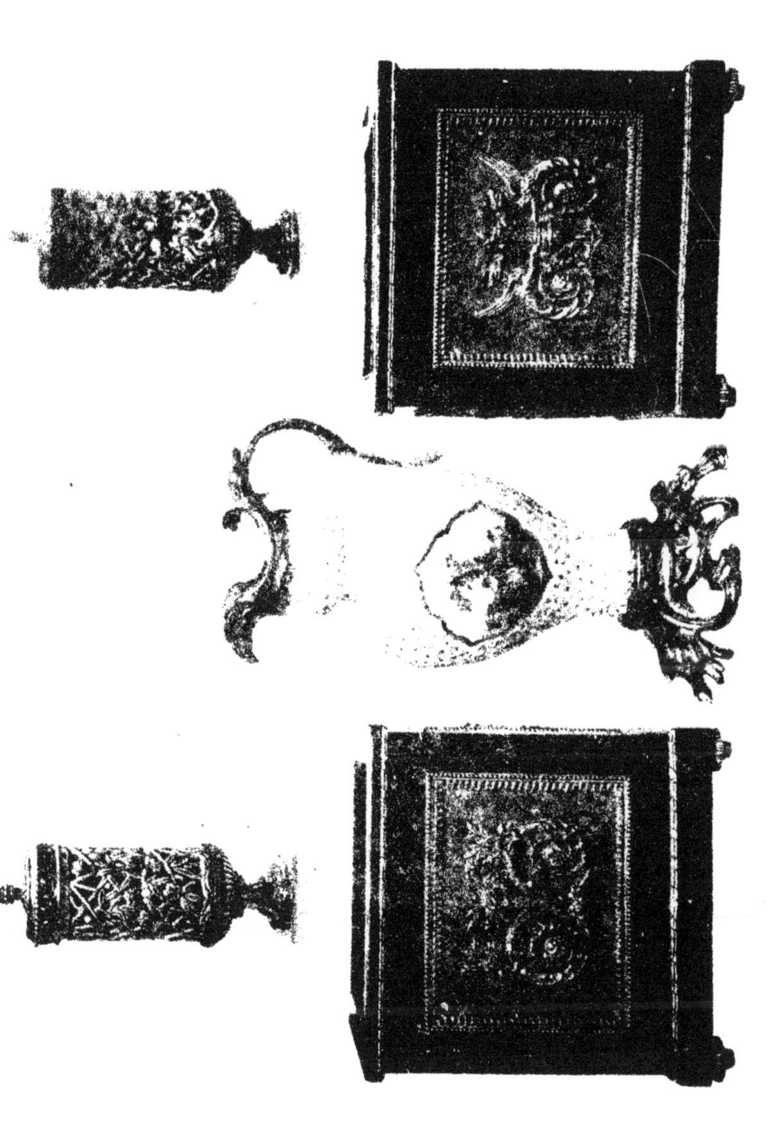

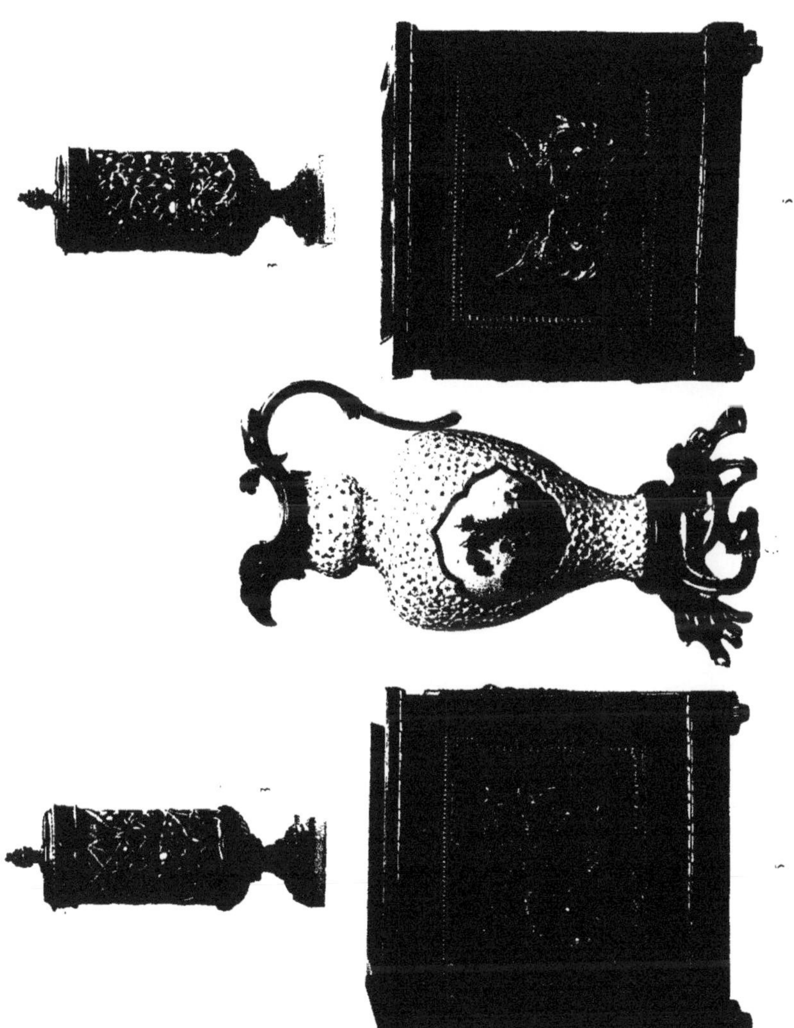

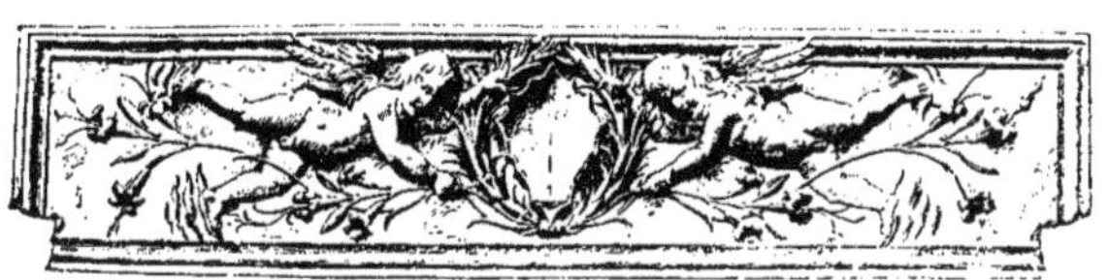

DÉSIGNATION

OBJETS D'ART

1 — Trois pommes d'amortissement, de forme contournée et à trois pans, en
bronze, à décor de rocailles et de rubans. Époque Louis XV.

Haut., 16 cent.; larg., 7 cent.

2 — Bougeoir en ancien céladon bleu-turquoise de la Chine; monture en argent
à branchages et moulures du temps de la Régence.

Diamètre, 11 cent.

3 — Deux petits vases cylindriques ajourés en ancien céladon bleu-turquoise
de la Chine; collerettes également ajourées, garnitures de couvercles et bases
à pieds-de-biche en bronze doré, du temps de Louis XVI.

Haut., 20 cent.

4 — Vase en ancienne porcelaine de Saxe, orné de deux réserves à sujets
galants, sur fond semé de fleurettes. Il est monté en aiguière, en bronze
ciselé et doré, à décor de feuillages et de rocailles. Époque Louis XV.

Haut., 34 cent.

5 — Deux jardinières carrées, plaquées d'acajou et garnies d'appliques en bronze
doré, sur fond vert, à décor de vases de fleurs, animaux et rinceaux. Époque
Louis XVI.

Haut., 23 cent.; long., 22 cent.

6 — Ecuelle, avec plateau et couvercle, en ancienne porcelaine tendre de Sèvres à décor de quadrillés et de coquilles, reliés par des rubans et enguirlandés de fleurs. Année 1762.

Diam. de l'écuelle, 13 cent.

7 — Nécessaire formé de plaques d'agate blonde herborisée ; monture en or ciselé, à fleurs et rocailles, avec figure de chamois dans un angle. Il contient deux petits flacons à bouchons d'or, une petite cuiller et un miroir à monture d'or, décoré d'un joueur de cornemuse, ainsi que quelques ustensiles d'acier. Époque Louis XV.

Haut., 55 cent.: larg., 45 cent.

8 — Statuette en ivoire sculpté : la Vierge, debout, vêtue d'une ample draperie, la tête couverte d'un voile. Elle portait l'Enfant Jésus, dont il ne reste que la partie inférieure du corps. France. Commencement du XIVe siècle.

Haut., 26 cent.

9 — Statuette en pierre sculptée de sainte femme, debout, vêtue d'une ample tunique retenue par une ceinture et recouverte d'un long manteau. Elle est coiffée d'une couronne et porte les cheveux longs dénoués. France. Commencement du XIVe siècle.

Haut., 1 m. 10 cent.

10 — Statuette en terre cuite : Moïse, debout, présentant les tables de la loi au peuple. Par *Bouchardon*. Signée.

Haut., 62 cent.

11 — Buste en terre cuite, grandeur nature, de personnage portant la perruque, la tête tournée vers l'épaule gauche, et vêtu d'un habit laissant apercevoir une chemise brodée. Par *Pajou* ; signé et daté 1768. Piédouche en marbre.

Haut., 58 cent.

12 — Pendule en bronze doré et marbre blanc : mouvement apparent, surmonté de rinceaux et d'oiseaux, et supporté par deux cygnes posés sur une tablette ovale que soutiennent deux amours. Base quadrilobée. Époque Louis XVI.

Haut., 51 cent. ; larg., 30 cent.

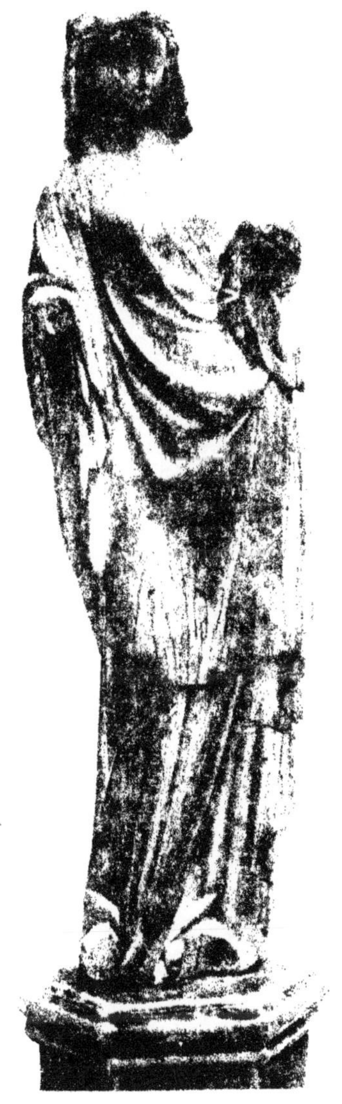

6 — Lamell[illegible] avec pl[illegible] et [illegible] en [illegible]
à deux de quadrilles et [illegible] quilles [illegible]
fleurs. Année 1[illegible].

[illegible]

7 — [illegible] d'après [illegible]
[illegible]
[illegible]
[illegible]
Époque Louis XV.

[illegible]

8 — [illegible]

[illegible]

[illegible]

[illegible]

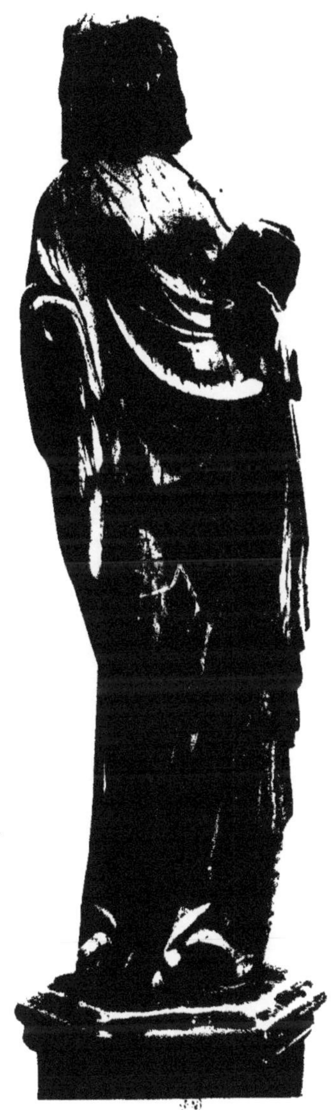

Phototypie Berthaud, Paris

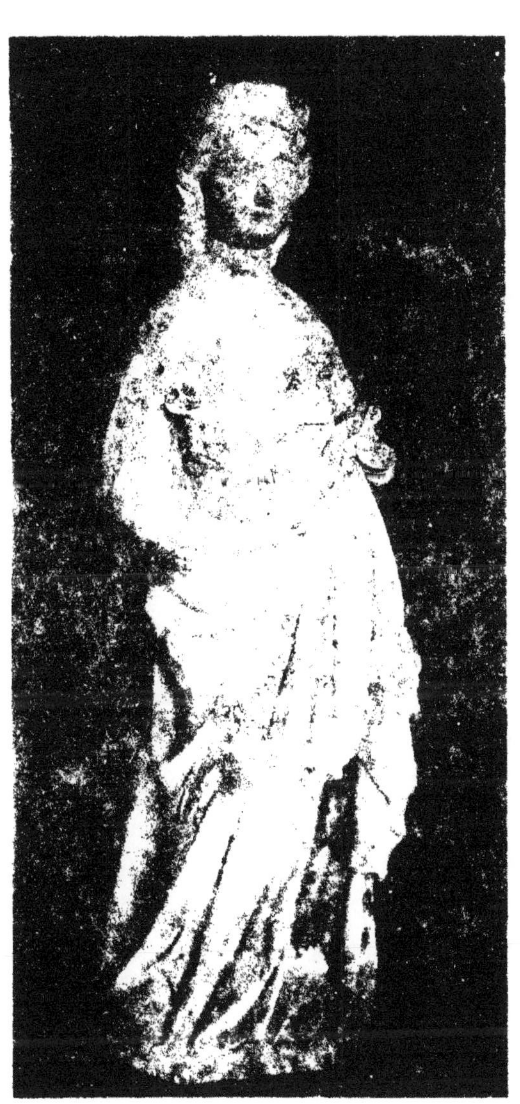

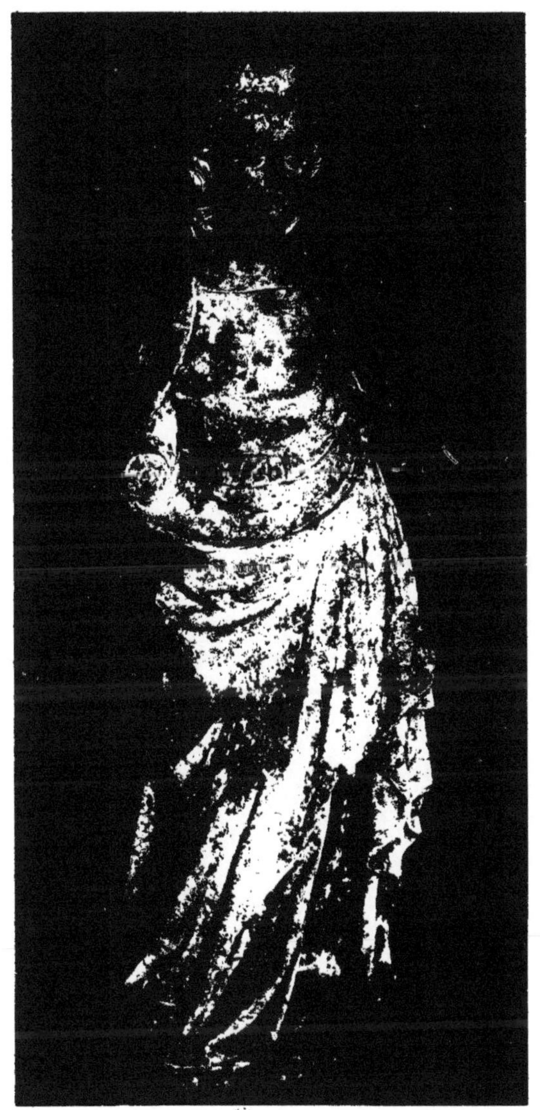

Phototypie Berthaud Paris.

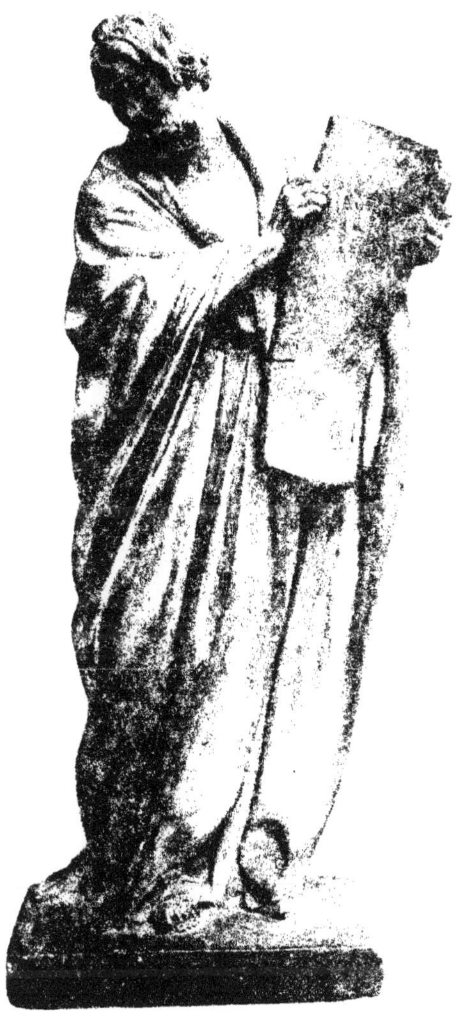

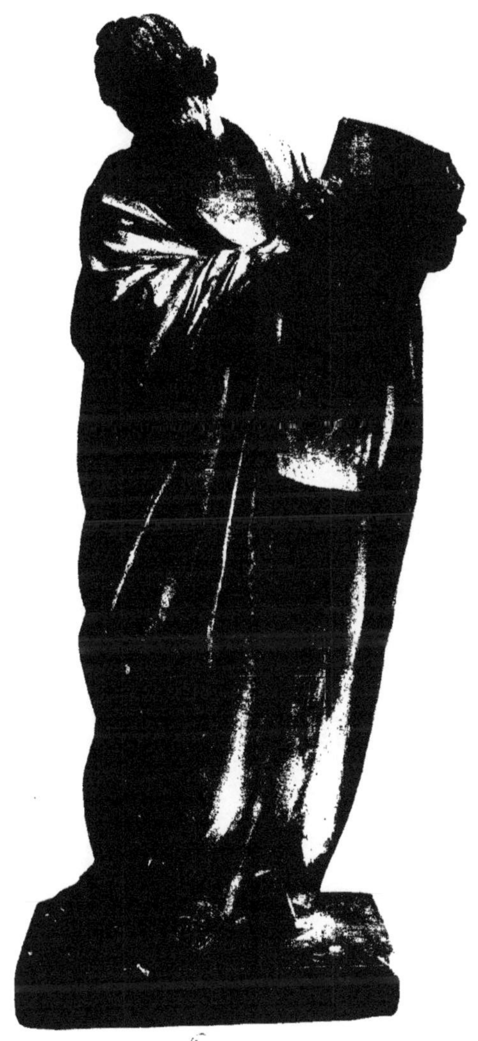

10

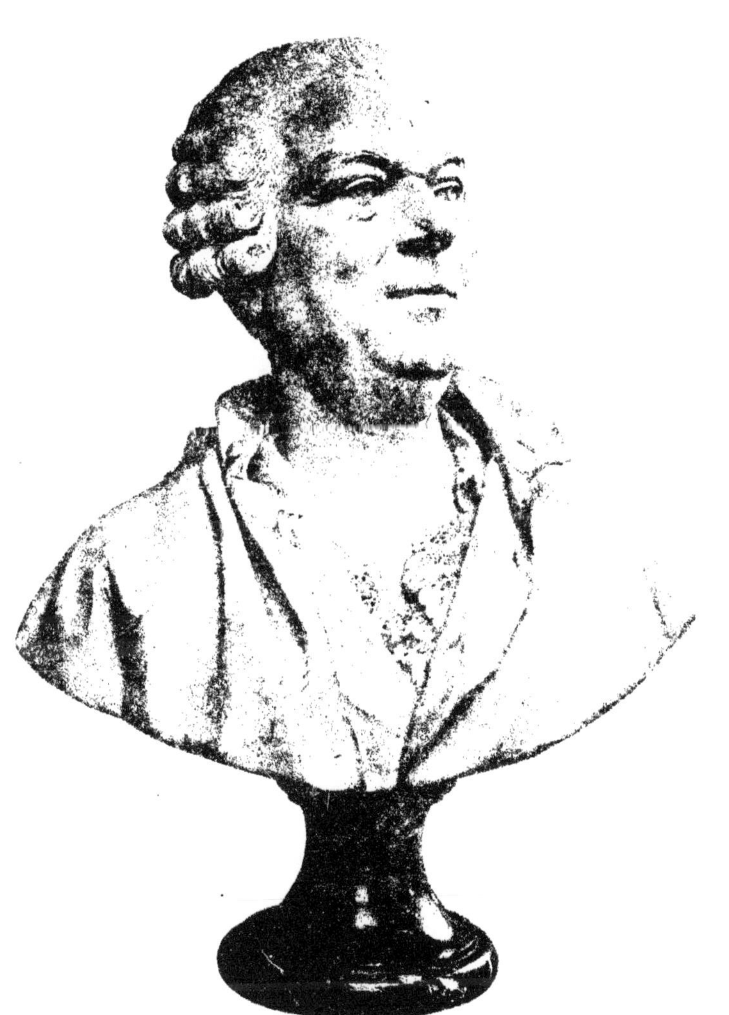

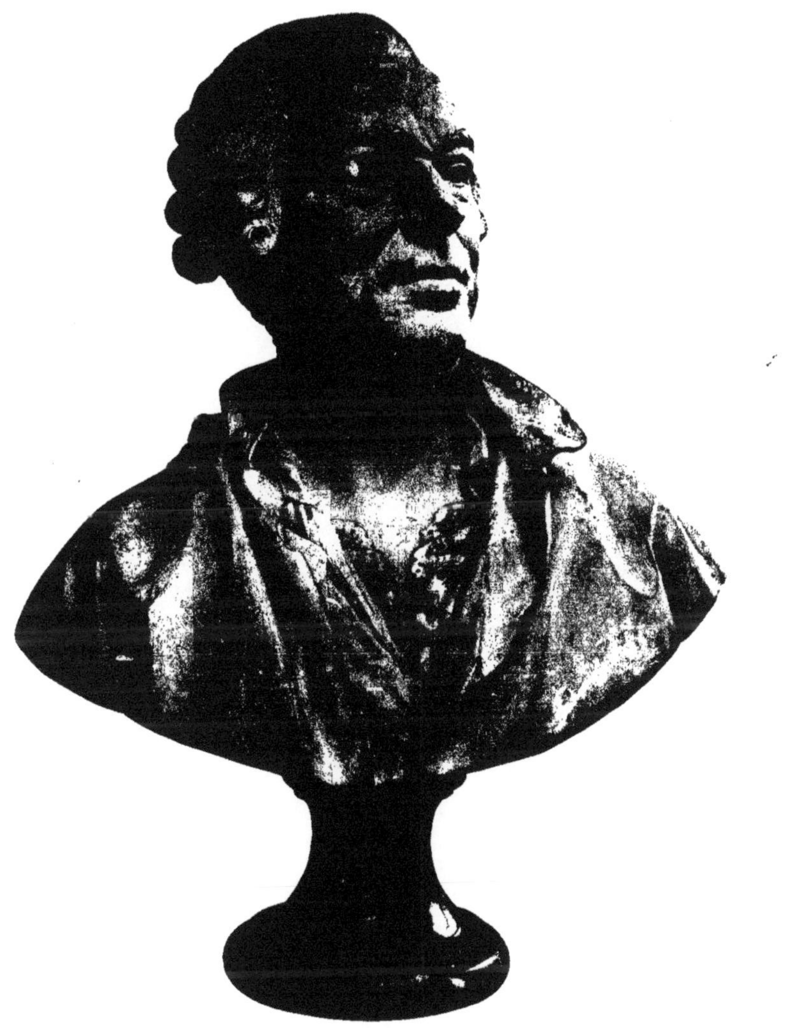

Phototypie Berthaud, Paris

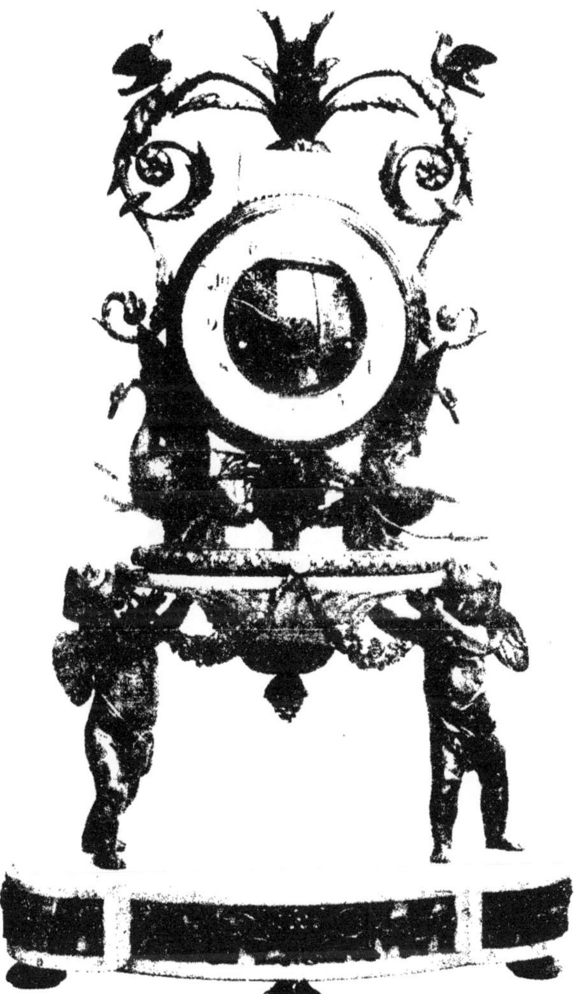

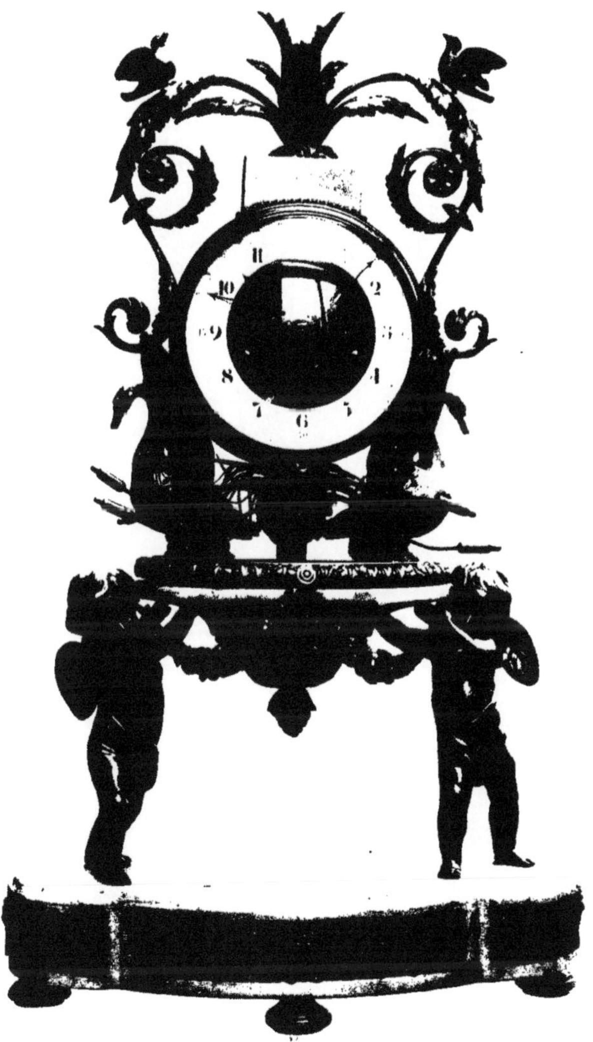

12

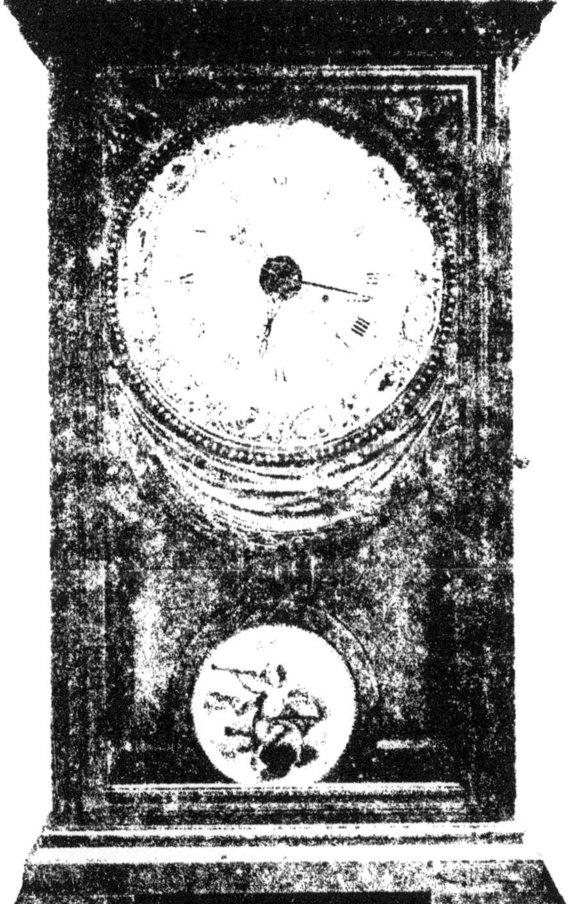

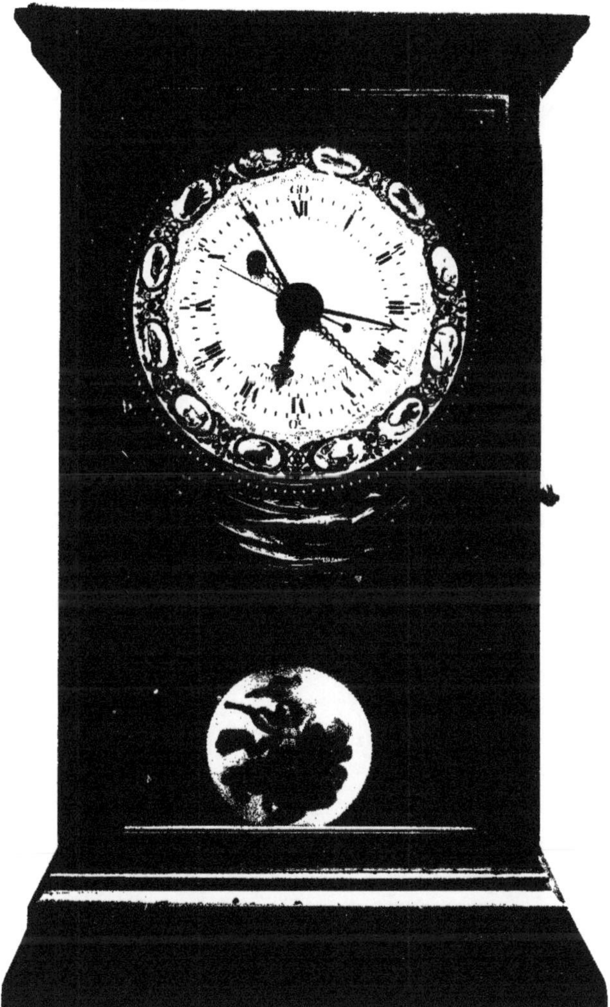

Phototypie Berthaud. Paris

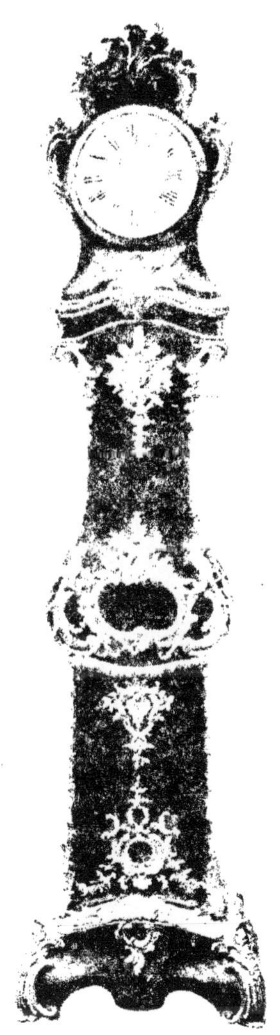

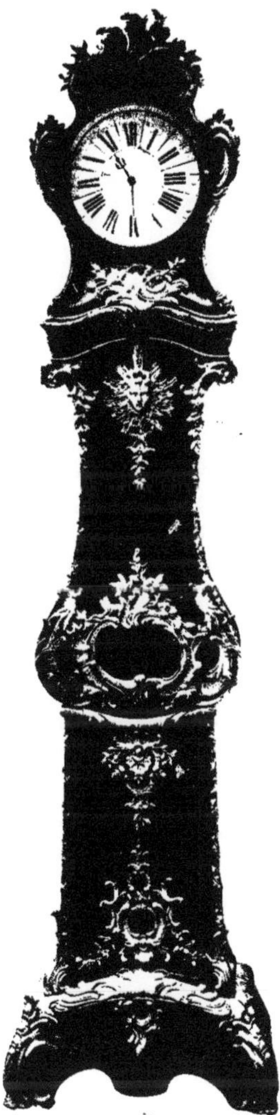

Phototypie Hirschau, Paris

13 — Pendule à cage en bronze doré, à décor de draperies, branches de laurier, moulures et denticules ; cadran émaillé présentant les signes du Zodiaque et exécuté par *Coteau*, signé. Le balancier, œuvre du même artiste, est également orné d'une peinture sur émail : amour tenant une lunette et assis auprès d'une sphère. Mouvement signé *Robin, horloger du roy*. Époque Louis XVI.

Haut., 38 cent.; larg., 23 cent.

14 — Horloge à gaine en marqueterie de bois de violette à quadrillés, enrichie de bronzes ciselés : encadrements et chutes à fleurs et rocailles, mascaron et petit cartouche. Époque Louis XV.

Haut., 2 m. 25 cent.

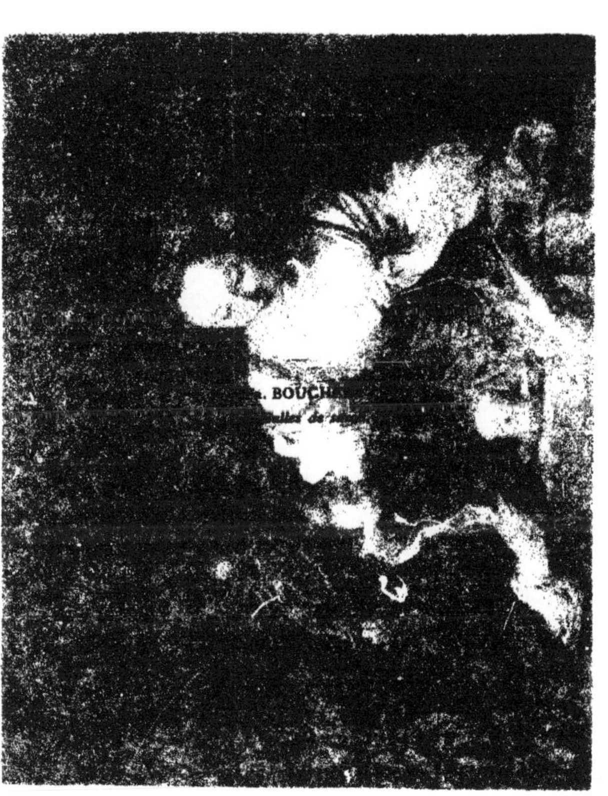

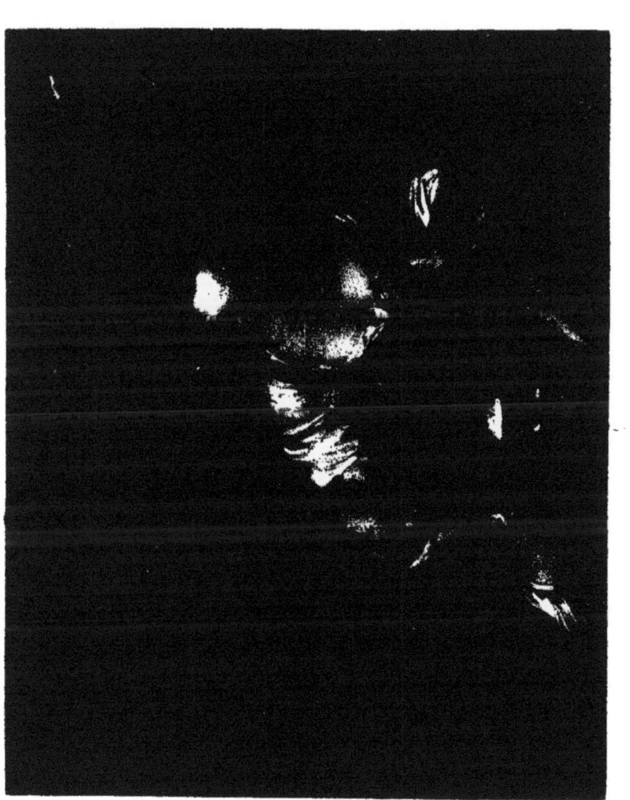

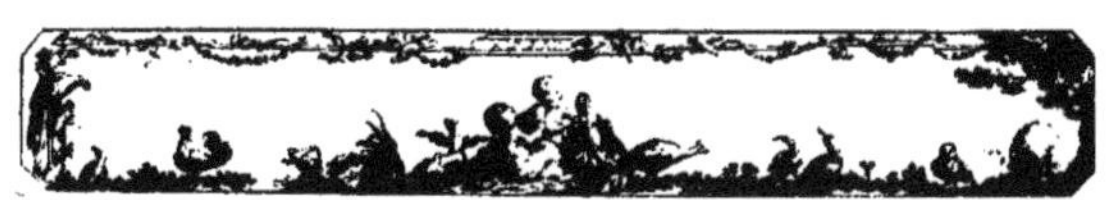

TABLEAUX ANCIENS
PASTELS

BOUCHER
(FRANÇOIS
'PARIS, 1703-1770

15 — *Les Bulles de savon.*

Une jeune fille et un jeune garçon sont penchés sur l'appui d'une fenêtre;
un rideau est drapé sur la muraille où croît une plante grimpante.

La jeune fille. en corsage bleu décolleté lacé d'un ruban jaune sur sa
chemise blanche. les cheveux relevés et ornés de fleurs des champs. les
manches retroussées, tient à la main droite une paille d'où s'échappe une
bulle de savon; elle a posé l'autre main sur l'épaule de son petit
compagnon accoudé sur l'appui de la fenêtre, en veste rouge, coiffé d'un
foulard sur ses cheveux courts et pendant sur les oreilles.

Devant eux, une timbale d'argent est remplie de savon.

Belle et vigoureuse peinture de la première manière du maître.

Signée à droite.

Cadre en bois sculpté.

Toile. Haut.. 1 mètre; larg., 1 m. 25 cent.

LATOUR

(MAURICE QUENTIN DE)

(SAINT-QUENTIN, 1704-1788)

16 — *Portrait d'homme.*

Assis et appuyé sur le dossier d'un siège couvert de damas rose, il est représenté jusqu'à la ceinture, de trois quarts à droite, en perruque bouclée pendant sur un habit de velours gris, la main droite passée dans le gilet sous un jabot de dentelles.

Pastel de la plus remarquable exécution.

Cadre en bois sculpté.

Haut., 60 cent.; larg., 48 cent.

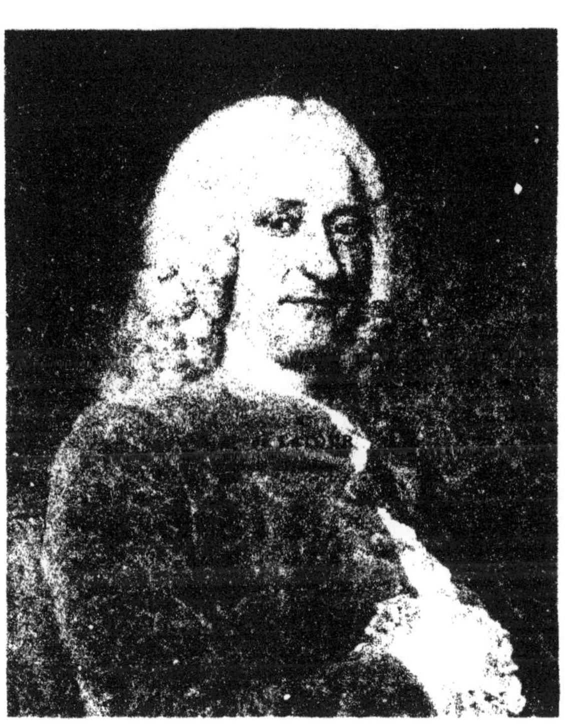

20.000

M. Ducrey

16 — *Portrait d'homme.*

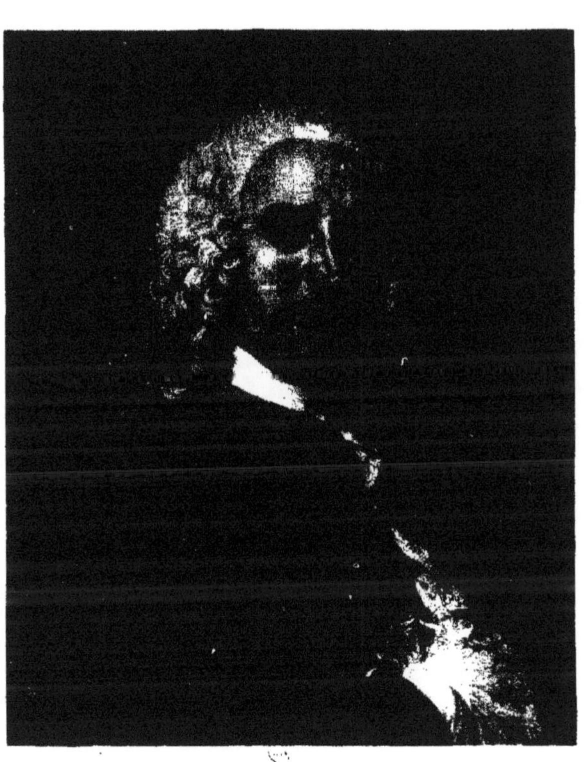

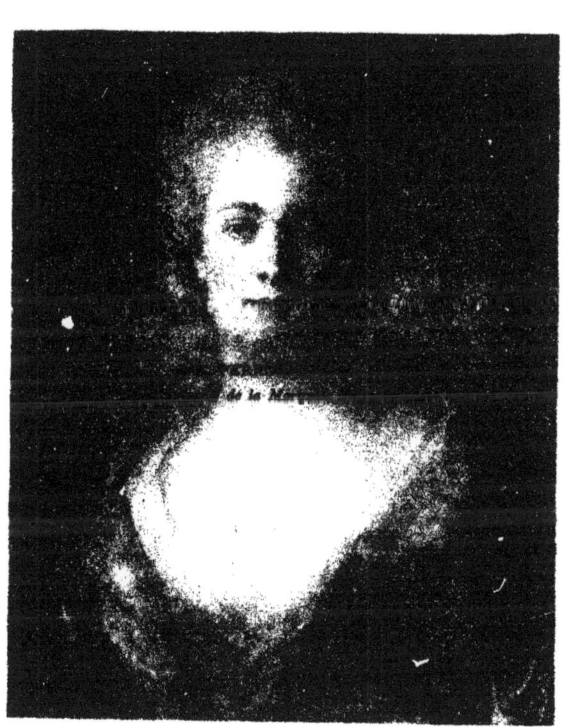

J.-B. PERRONNEAU
Portrait présumé de la Marquise d'Anglure.

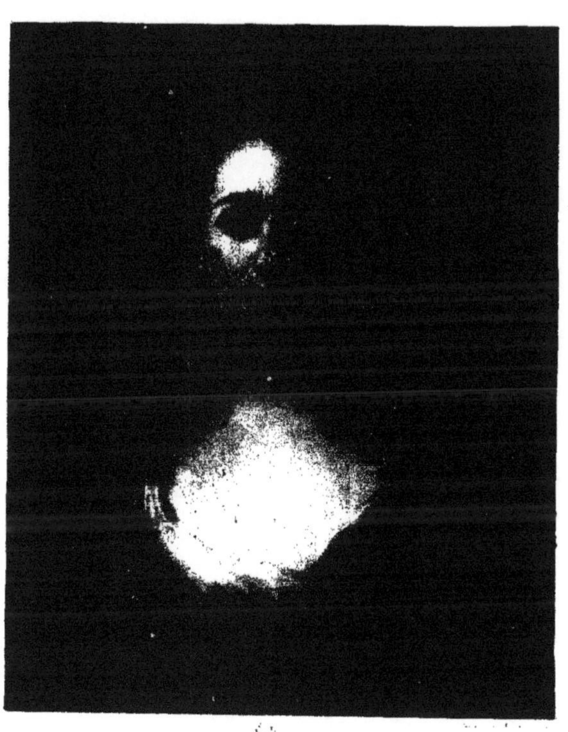

PERRONNEAU
(JEAN-BAPTISTE)
(PARIS, 1715-1783)

17 — *Portrait présumé de la marquise d'Anglure.*

Vue à mi-corps, presque de face, les yeux fixés sur le spectateur, les cheveux relevés et poudrés, bouclés sur la nuque, la poitrine découverte, elle est entourée d'une draperie bleue relevée sur l'épaule gauche et laissant apercevoir un corsage de mousseline.

Très gracieux pastel.

Signé en toutes lettres.

Cadre en bois sculpté.

Haut., 58 cent.; larg., 48 cent.

REYNOLDS

(SIR JOSHUA)

(PLYMTON, 1723-1792)

18 — *Portrait du poète Robert Merry.*

Assis dans un parc, le haut du corps penché en arrière, les cheveux poudrés couvrant les oreilles, en habit de velours à larges boutons d'or ouvrant sur un gilet blanc, il lève les yeux au ciel.

Toile. Haut., 72 cent.; larg., 62 cent.

ÉCOLE FRANÇAISE

(XVIIIᵉ SIÈCLE)

19 — *Le Parc.*

Devant une statue s'élevant sous un bosquet de treillage, plusieurs jeunes femmes sont réunies, assises ou debout, accompagnées de leurs enfants. Un jet d'eau s'élève d'un bassin de forme circulaire, entouré d'une balustrade ouverte au centre entre deux lions de pierre couchés sur des socles. Plusieurs personnages se promènent ou regardent la nappe d'eau.

Dans le fond, une charmille taillée en arcades.

Cadre en bois sculpté.

Toile. Haut., 48 cent.; larg., 55 cent.

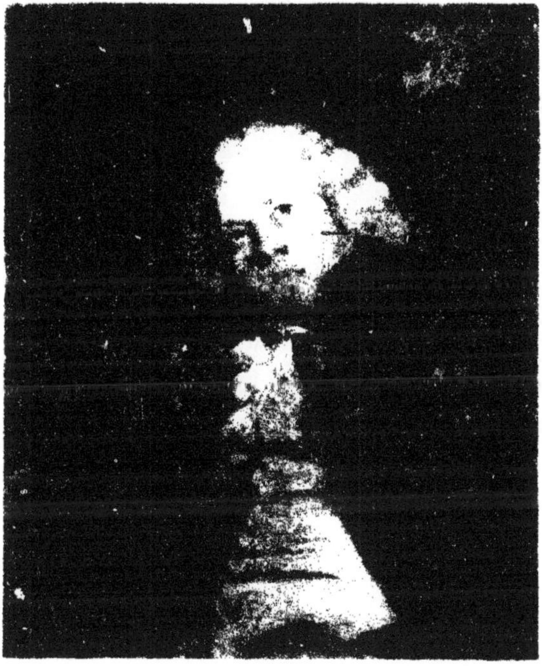

REYNOLDS
(SIR JOSHUA)

12.500
1ᵉ Féral

ÉCOLE FRANÇAISE

3.250
1ᵉ Painard

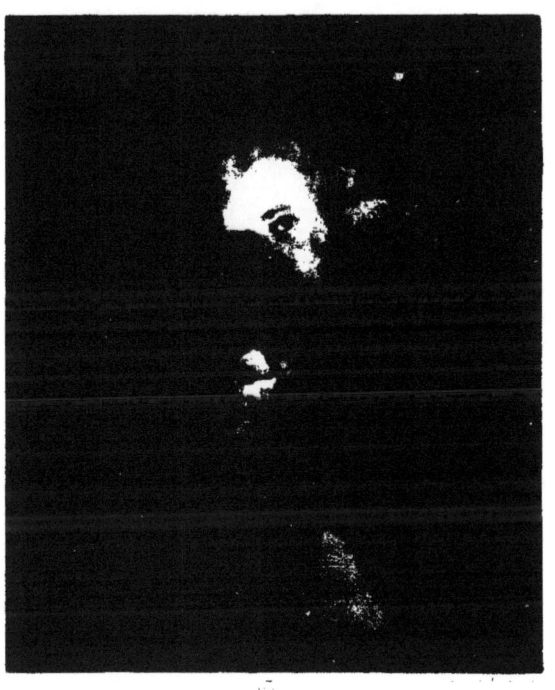

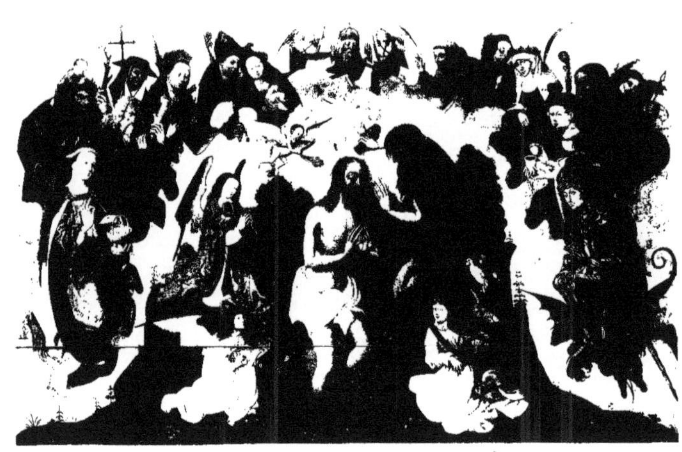

LE MAITRE DE L'AUTEL DE SAINT-BARTHÉLEMY

(École de Cologne, 1490?-1515 ?)

Le Baptême du Christ.

LE MAITRE DE L'AUTEL DE SAINT-BARTHÉLEMY

(ÉCOLE DE COLOGNE, 1490? - 1515?)

20 — *Le Baptême du Christ.*

Jésus est debout dans les eaux du Jourdain, les mains jointes, recevant l'ondoiement de saint Jean, agenouillé sur la rive, et couvert d'un manteau de bure; à gauche, un ange en dalmatique brochée d'or, porte la robe grise du Sauveur. Deux autres anges, vêtus de blanc, à genoux sur l'herbe fleurie, jouent de la viole et du luth. Des chérubins voltigent, tenant des encensoirs.

Le ciel s'ouvre sur un fond d'or où sont représentés les Bienheureux, avec les attributs de leur martyre et de leur gloire. Au centre, Dieu le Père entre deux anges.

On remarque, parmi le saint cortège, à droite : la Vierge, sainte Marie-Madeleine, saint Georges et saint François; à gauche : sainte Agnès, saint Nicolas, sainte Catherine, saint Christophe et sainte Élisabeth de Hongrie.

On lit à gauche un monogramme apocryphe de Lucas de Leyde.

Cette œuvre, du plus grand caractère, et dans le plus admirable état de conservation, provient de la cathédrale d'Aarnheim, édifice gothique qui fut au xvii° siecle désaffecté du culte catholique.

Panneau. Haut., 1 m. o5 cent.; larg., 1 m. 68 cent.

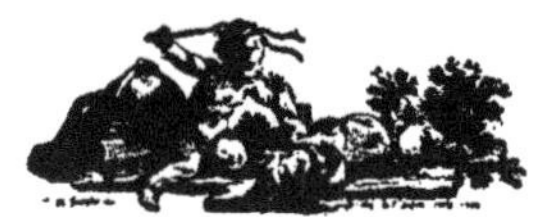